Spritzige

Cocktails von
Gianfranco Di Niso

Texte von
Davide Manzoni

Fotografien von
Fabio Petroni

Cocktails genießen

Klassische, neue und kreative Rezepte

Inhalt

Die Cocktails

Die Cocktails

Einleitung

Die Welt des Weines ist komplex und wunderbar, und mit dem Versuch, sie durch Cocktailrezepte auf Weinbasis mit dem Terrain der Mixgetränke zu verbinden, stellt sich Barmann Gianfranco Di Niso einer außergewöhnlichen Herausforderung. Dieses Buch richtet sich an ein wachsendes Publikum, das mit Leidenschaft jede Nuance aus dem Bereich der Mixgetränke kennenlernen möchte.

Viele der Weine, die in den Cocktailrezepten auf den folgenden Seiten verwendet werden, erfreuen sich traditionell großer Beliebtheit, haben sich dank der Kreativität und Experimentierfreude Di Nisos und anderer professioneller Barmänner aber auch zum Mischen mit Spirituosen, Säften und Sirups als hervorragend geeignet erwiesen. So entstanden einzigartige, innovative und größtenteils völlig neue Cocktails.

Das erste Kapitel des Rezeptteils ist, wie sollte es anders sein, den großen Klassikern auf Weinbasis gewidmet, weltberühmten Drinks, deren internationaler Erfolg auch den Stars der Leinwand zu verdanken ist (man denke nur an den Champagnercocktail, den Humphrey Bogart in *Casablanca* bestellte, oder an den eleganten Vesper Martini, den Daniel Craig in *Casino Royale* orderte).

Das zweite Kapitel ist jenen Klassikern vorbehalten, die dank einer Überarbeitung zu angesagten Cocktails auf Weinbasis werden. Berühmte Drinks, die durch den Austausch einer Zutat einen neuen Geschmack bekommen, aber ihre originale Struktur behalten.

Dann gibt es Rezepte der neuesten Generation, eine Kombination aus Tradition und Moderne, in denen ein klassischer Cocktailwein wie der Vermouth mit ungewöhnlichen Zutaten gemixt wird. Ein Abschnitt ist auch Cocktails mit trockenen (Pinot Grigio und Lugana), würzigen (Gewürztraminer und Müller-Thurgau) und süßen (Moscato und Brachetto) Weinen gewidmet.
Im Kapitel über die besonderen Weine – eine Art mediterrane Entdeckungsreise – werden Drinks vorgestellt, die auf der Basis von Sherry, dem spanischen Likörwein aus der Gegend von Jerez de la Frontera, von Marsala aus Trapani in Sizilien sowie von Süßweinen der portugiesischen Insel Madeira und der griechischen Insel Samos gemixt werden.
Im Abschnitt über Portwein wird beschrieben, wie aus diesem weißen und roten Nektar Drinks gezaubert werden, die sowohl als Aperitif als auch als Digestif genossen werden können. Es entstanden einzigartige, innovative Kreationen, die die Cocktailwelt erobern (Variationen von Caipiroska, Cardinale, Martinicocktail und schließlich auch eine Variante des berühmten Negroni). Im letzten Kapitel werden einige exklusive Cocktails vorgestellt, die von berühmten italienischen Bartendern kreiert wurden. Zehn Profis aus ganz Italien, die mit Kreativität und Fachwissen neue Ideen für Drinks auf Weinbasis entwickelt und umgesetzt haben.
Alle hier vorgestellten Cocktails sind leicht selbst zu mixen, nicht nur von geschulten Bartendern, sondern auch von all

jenen, die sich in dieser Disziplin versuchen möchten. In jedem Rezept wird ein Barmaß (in cl) oder Jigger verwendet (ein kleiner Messbecher aus Edelstahl, der in Fachgeschäften oder auch größeren Supermärkten zu haben ist). Dank des Jiggers gelingen diese Cocktails auch Anfängern auf Anhieb, sodass keine Zutaten verschwendet werden. Die in den Rezepten angegebenen Unzen (oz) werden hingegen von professionellen Bartendern verwendet.

Zum Schluss noch eine Anekdote: Der Ursprung des Begriffs „Cocktail" ist unklar. Die bekannteste Legende bezieht sich auf die Hahnenkämpfe, die im 18. Jahrhundert in Mode waren. Es wird erzählt, dass ein Mädchen namens Bessie aus Baltimore sich in einen Verehrer verliebt hatte. Ihr Vater war jedoch vehement gegen diese Verbindung. Eines Tages verschwand der wunderschöne Kampfhahn des Vaters, den er für gewöhnlich in seiner Taverne kämpfen ließ. Verzweifelt versprach er, der Hochzeit der Tochter zuzustimmen, falls der Gockel sich wieder einfinden würde. Wie zu erwarten, tauchte der kostbare Vogel auf wundersame Weise wieder auf, und so durften die beiden heiraten. Während der Hochzeitsfeier mischte die Braut verschiedene Spirituosen zusammen und taufte das farbenfrohe Ergebnis „Cocktail", zu Ehren der schillernden Farben des vom Vater so geliebten Vogels, dem sie ihre Heirat verdankte.

Große

Auf den folgenden Seiten werden die Rezepte der wichtigsten Drinks auf Weinbasis vorgestellt, die zu Recht in die Geschichte des Cocktails eingegangen sind. Dank ihres erworbenen Ruhms und ihres unvergleichlichen Geschmacks gelingt es ihnen bis heute, den Gaumen zu verführen. Dazu gehört auf jeden Fall der Bellini. Giuseppe Cipriani, Barmann in Harry's Bar *in Venedig, erdachte diesen pfirsichfarbenen Drink 1948 während einer Ausstellung von Gemälden des Malers Giovanni Bellini. Er mischte Pfirsichmark mit Schaumwein und kreierte einen Cocktail, der Weltruhm erlangte. Der elegante Kir Royal aus Crème de Cassis und Champagner erblickte in Paris das Licht der Welt, in der Belle Époque, als der Champagner den Weißwein ersetzte und so die klassische Version des Kirs belebte.*

Klassiker

Nicht zu vergessen der Negroni, unbestrittener König der klassischen Cocktails, den Graf Camillo Negroni in den 1920er-Jahren in Florenz kreierte. Als Stammgast des Cafés Casoni *war er den üblichen Aperitif leid und forderte den Barmann Fosco Scarselli auf, einen Schuss Gin statt Selters in den gewohnten Americano zu geben. Interessant ist auch die Entstehung des Negroni Sbagliato (falscher Negroni): Ein unachtsamer Barmann goss in der Bar* Basso *in Mailand versehentlich trockenen Schaumwein statt Gin in den Negroni. Der Hugo wurde 2005 von Roland Gruber kreiert und ist trotz seiner relativ kurzen Geschichte bereits ein Klassiker. Der Bartender aus der Bozener Umgebung suchte eine echte Alternative zum klassischen Spritz und mischte erfolgreich trockenen Sekt mit Holundersirup und Soda.*

Beethoven

Zutaten

Zerstoßene Waldfrüchte 3 cl (1 oz)
Trockener Sekt 6 cl (2 oz)
Rote Johannisbeeren zum Garnieren

Zubereitung

In einem Jigger 3 cl (1 oz) zerstoßene Waldfrüchte (Brombeeren, Himbeeren und Blaubeeren in einem Glas mit einem Stößel zu Brei zerstoßen) abmessen und in ein geeistes Cocktailglas geben. Mit 6 cl (2 oz) gut gekühltem trockenem Sekt fast bis zum Rand auffüllen. Alles vorsichtig mit einem Barlöffel verrühren und mit einer Rispe roter Johannisbeeren garnieren.

Bellini

Zutaten

Pfirsichpüree 3 cl (1 oz)
Trockener Sekt 6 cl (2 oz)

Zubereitung

In einem Jigger 3 cl (1 oz) Pfirsichpüree abmessen und in ein im Gefrierfach geeistes Cocktailglas geben. Mit 6 cl (2 oz) gut gekühltem trockenem Sekt fast bis zum Rand auffüllen. Alles vorsichtig mit einem Barlöffel verrühren und servieren.

Zutaten

Campari 4,5 cl (1½ oz)
¼ frische Orange
Weißer Zucker oder Rohrzucker (ca. 20 g)
Trockener Sekt 6 cl (2 oz)
Frische Minze (ca. 7 g)
1 Zweig Minze zum Garnieren

Zubereitung

Ein Viertel einer unbehandelten Orange mit Schale in Würfel schneiden und mit dem Zucker (ca. 20 g) in einen hohen Tumbler geben und mit einem Stößel gut zerstoßen. Frische Minzblätter (ca. 7 g) dazugeben und nochmals leicht zerstoßen. Das Glas mit Eiswürfel oder Crushed-Eis auffüllen und 4,5 cl (1½ oz) im Jigger abgemessenen Campari dazugeben. Mit 6 cl (2 oz) gut gekühltem trockenen Sekt fast bis zum Rand auffüllen und mit einem Barlöffel umrühren, bis alle Zutaten gut miteinander vermischt sind. Mit einem Zweig Minze garnieren und mit zwei langen Trinkhalmen servieren.

Bitter Mojito

Champagner-cocktail

Zutaten

Champagner 9 cl (3 oz)
Brandy 1,5 cl (½ oz)
Einige Tropfen Angostura
1 Würfel Zucker
½ Orangenspalte und Cocktailkirschen zum Garnieren

Zubereitung

Einen Würfel Zucker in ein Weinglas legen und mit einigen Tropfen Angostura beträufeln. In einem Jigger 1,5 cl (½ oz) Weinbrand abmessen und ins Glas geben. Dann 9 cl (3 oz) gut gekühlten Champagner abmessen und dazugeben. Alles vorsichtig mit einem Barlöffel verrühren. Mit einer halben Orangenspalte und einem Spieß Cocktailkirschen garnieren.

Hugo

Zutaten

Holundersirup 3 cl (1 oz)
Trockener Sekt 6 cl (2 oz)
Mineralwasser mit Kohlensäure 6 cl (2 oz)
1 Zweig Minze und 1 Schnitz Zitrone zum Garnieren

Zubereitung

In einem Jigger 3 cl (1 oz) Holundersirup abmessen und in ein mit einigen Eiswürfeln gefülltes Weinglas geben. Dann 6 cl (2 oz) gut gekühlten trockenen Sekt abmessen und dazugeben. Mit 6 cl (2 oz) kaltem, kohlensäurehaltigem Mineralwasser aufgießen. Kurz umrühren und mit einem Zweig Minze und einem Zitronenschnitz garnieren.

Zutaten

Crème de Cassis 2 cl (½ oz)
Champagner 9 cl (3 oz)
Cocktailkirschen und Johannisbeeren zum Garnieren

Zubereitung

In einem Jigger 2 cl (½ oz) Crème de Cassis (Likör aus schwarzer Johannisbeere) abmessen und in ein Weinglas geben. Mit 9 cl (3 oz) gut gekühltem Champagner auffüllen. Mit einem Barlöffel vorsichtig verrühren und mit einem Spieß Cocktailkirschen und einer Rispe Johannisbeeren servieren.

Kir Royal

Zutaten

Frisch gepresster Orangensaft 3 cl (1 oz)
Trockener Sekt 9 cl (3 oz)
1 Orangenschnitz zum Garnieren

Mimosa

Zubereitung

In einem Jigger 3 cl (1 oz) frisch gepressten Orangensaft abmessen und in ein im Gefrierfach geeistes Cocktailglas geben. Fast bis zum Rand mit 9 cl (3 oz) gut gekühltem trockenem Sekt auffüllen. Vorsichtig mit einem Barlöffel umrühren. Mit einem Orangenschnitz garnieren und servieren.

Negroni

Zutaten

Gin 3 cl (1 oz)
Roter Vermouth 3 cl (1 oz)
Campari 3 cl (1 oz)
½ Orangenschnitz zum Garnieren

Zubereitung

In einem Jigger 3 cl (1 oz) Gin abmessen und in einen mit Eiswürfeln gefüllten Tumbler geben. Dann 3 cl (1 oz) roten Vermouth und 3 cl (1 oz) Campari abmessen und hinzufügen. Einige Sekunden mit einem Barlöffel gut umrühren, mit einem halben Orangenschnitz garnieren und servieren.

Negroni Sbagliato

(Falscher Negroni)

Zutaten

Campari 3 cl (1 oz)
Roter Vermouth 3 cl (1 oz)
Trockener Sekt 3 cl (1 oz)
1 Orangenschnitz zum Garnieren

Zubereitung

In einem Jigger 3 cl (1 oz) Campari abmessen und in einem mit Eiswürfeln gefüllten Tumbler geben. Dann 3 cl (1 oz) roten Vermouth abmessen und dazugeben. Fast bis zum Rand mit 3 cl (1 oz) gut gekühltem, trockenem Sekt auffüllen. Alles mit einem Barlöffel vorsichtig verrühren, dann mit einem Orangenschnitz garnieren und servieren.

Puccini

Zutaten

Frisch gepresster Mandarinensaft 3 cl (1 oz)
Trockener Sekt 9 cl (3 oz)

Zubereitung

In einem Jigger 3 cl (1 oz) frisch gepressten Mandarinensaft abmessen und in ein im Gefrierfach geeistes Cocktailglas geben. Fast bis zum Rand mit 9 cl (3 oz) gut gekühltem, trockenem Sekt auffüllen. Vorsichtig mit einem Barlöffel umrühren und servieren.

Rossini

Zutaten

Mittelgroße Erdbeeren 5–6
Trockener Sekt 9 cl (3 oz)
Erdbeersirup (optional) 1 cl (¼ oz)
Stilles Wasser 3 cl (1 oz)
Erdbeeren zum Garnieren

Zubereitung

Fünf bis sechs mittelgroße Erdbeeren mit 1 cl (¼ oz) Erdbeersirup und 3 cl (1 oz) stillem Wasser in einem Barmixer oder mit dem Pürierstab verquirlen. Von der verquirlten Mischung 3 cl (1 oz) abmessen und in ein im Gefrierfach geeistes Cocktailglas geben. Dann 9 cl (3 oz) gut gekühlten, trockenen Sekt dazugeben und vorsichtig mit einem Barlöffel verrühren. Nach Geschmack mit frischen Erdbeeren garnieren.

Spritz

Zutaten

Trockener Sekt 6 cl (2 oz)
Aperol 4,5 cl (1½ oz)
Mineralwasser mit Kohlensäure 1,5 cl (½ oz)
½ Orangenschnitz zum Garnieren

Zubereitung

In einem Jigger 6 cl (2 oz) trockenen Sekt abmessen und in ein mit Eis gefülltes, großes Weinglas geben. Dann im Jigger 4,5 cl (1½ oz) Aperol abmessen und dazugeben. Mit 1,5 cl (½ oz) kohlensäurehaltigem Mineralwasser auffüllen. Alles mit einem Barlöffel vorsichtig verrühren und mit einem halben Orangenschnitz garnieren.

Victorian Mojito

Zutaten

Gin 4,5 cl (1½ oz)
½ Limette
Frische Minze (ca. 7 g)
Weißer Zucker oder Rohrzucker (ca. 20 g)
Trockener Sekt 6 cl (2 oz)
1 Zweig frische Minze zum Garnieren

Zubereitung

Eine halbe, unbehandelte Limette mit der Schale in Würfel schneiden und mit dem Zucker in einen hohen Tumbler geben. Das Ganze mit dem Stößel kräftig zerstoßen. Einige Minzblätter hinzugeben und nochmals leicht zerstoßen. Das Glas mit Eiswürfeln oder Crushed-Eis füllen und 4,5 cl (1½ oz) Gin in einem Jigger abmessen und dazugeben. Fast bis zum Rand mit 6 cl (2 oz) gut gekühltem, trockenem Sekt auffüllen und alles mit einem Barlöffel gut vermischen. Mit einem Zweig frischer Minze garnieren und mit zwei langen Trinkhalmen servieren.

Klassiker

Nach den großen Klassikern kommen wir nun zu den modernen Varianten einiger bedeutender Drinks, die in Cocktailkreisen zwar bekannt sind, aber weniger berühmt als ihre Originale. Dennoch sind sie zu einem festen Bestandteil der Cocktaillandschaft geworden.

Das weibliche Publikum, das einen feineren Gaumen hat und im Allgemeinen zu Cocktails mit etwas weniger Alkoholgehalt tendiert, bevorzugt diese Cocktails besonders und hat ihnen so zu internationalem Ruhm verholfen.

Von den Cocktails mit perlendem Inhalt sind der schmackhafte Lady Spritz und der elegante Pink Champagnercocktail anzuführen.

Im letzten Jahrzehnt ist der Campari Spritz besonders in Mode gekommen, bei dem Aperol durch Campari ersetzt wird, was dem Cocktail eine leicht bittere Note schenkt, die zu jeder Stunde des Tages schmeckt.

in neuem Gewand

Besonders für das jüngere Publikum geht das Konzept „Großer Klassiker in neuem Gewand“ mit diesen beiden Cocktails auf: der White Negroni und der White Negrosky.

Was die Rezepte betrifft, wird beim ersten Cocktail der rote Vermouth gegen weißen ausgetauscht und der Campari gegen den Aperitif Biancosarti. Der Letztere enthält ebenfalls weißen Vermouth und Biancosarti, aber der Gin wird durch Wodka ersetzt.

In dieser Gruppe der modernisierten Klassiker verdient der Gas-bag besondere Erwähnung, ein phänomenaler Cocktail, mit dem der preisgekrönte Barmann Ezio Falconi 1999 einen wichtigen Wettbewerb gewann. Und auch der Erfolg des Mojito Royal ist unaufhaltsam, der 2007 als Sieger aus einem Wettbewerb in Rimini hervorging.

Zutaten

Wodka 2 cl (½ oz)
Erbeermark 3 cl (1 oz)
Campari 2 cl (½ oz)
Trockener Sekt oder Champagner 6 cl (2 oz)

Zubereitung

In einem Jigger 2 cl (½ oz) Wodka abmessen und in einen Shaker geben. Dann 3 cl (1 oz) Erdbeermark und 2 cl (½ oz) Campari abmessen und ebenfalls in den Shaker geben. Einige Eiswürfel hinzufügen und für einige Sekunden kräftig schütteln. In ein Weinglas abseihen und mit 6 cl (2 oz) trockenem Sekt oder Champagner auffüllen. Vorsichtig umrühren und servieren.

Gas-bag

Lady Spritz

Zutaten

Holundersirup 3 cl (1 oz) – trockener Sekt oder Rosé-Champagner 6 cl (2 oz) – Mineralwasser mit Kohlensäure 6 cl (2 oz) – 1 Zweig Minze, einige essbare Rosenblätter und ½ Zitronenschnitz zum Garnieren

Zubereitung

In einem Jigger 3 cl (1 oz) Holundersirup abmessen und in ein mit Eis gefülltes Weinglas geben. Dann 6 cl (2 oz) trockenen Sekt oder Rosé Champagner und 6 cl (2 oz) Mineralwasser mit Kohlensäure abmessen und ins Glas geben. Kurz umrühren und mit einem Zweig Minze, einem halben Zitronenschnitz sowie einigen essbaren Rosenblättern garnieren.

Mojito Royal

Zutaten

Weißer Rum 4,5 cl (1½ oz) – weißer Zucker oder Rohrzucker (ca. 20 g) – frische Minze (ca. 7 g) – Limette ½ – trockener Sekt oder Champagner 6 cl (2 oz) – 1 Zweig Minze zum Garnieren

Zubereitung

In einen hohen Tumbler eine halbe in Würfel geschnittene Limette geben. Zucker (ca. 20 g) dazugeben und mit einem Stößel kräftig zerstoßen. Einige Minzblätter hinzugeben und vorsichtig zerdrücken. Das Glas mit Eiswürfeln oder Crushed-Eis auffüllen und 4,5 cl (1½ oz) weißen Rum abmessen und hinzufügen. Bis zum Rand mit 6 cl (2 oz) trockenem Sekt oder Champagner auffüllen und alles mit einem Barlöffel kurz verrühren. Mit einem Zweig frischer Minze garnieren und mit zwei langen Trinkhalmen servieren.

Montecarlo

Zutaten

Trockener Chardonnay oder Champagner 3 cl (1 oz) – Orangensaft 3 cl (1 oz) – Himbeermark 3 cl (1 oz) – Cointreau 3 cl (1 oz)

Zubereitung

In einem Jigger 3 cl (1 oz) Cointreau abmessen und in einen Shaker geben. Dann 3 cl (1 oz) Orangensaft und 3 cl (1 oz) Himbeermark abmessen und dazugeben. Einige Eiswürfel in den Shaker geben und für einige Sekunden kräftig schütteln. In ein Weinglas abseihen und mit 3 cl (1 oz) trockenem Chardonnay oder Champagner auffüllen.

Original Spritz

Zutaten

Sauvignon 9 cl (3 oz) – Mineralwasser mit Kohlensäure 6 cl (2 oz) – 1 Zitronenschnitz zum Garnieren

Zubereitung

In einem Jigger 6 cl (2 oz) kohlensäurehaltiges Mineralwasser abmessen und in einen hohen, mit Eis gefüllten Tumbler geben. Fast bis zum Rand mit 9 cl (3 oz) Sauvignon auffüllen und gut umrühren. Mit einem Zitronenschnitz und zwei langen Trinkhalmen servieren.

Pink Champagner-cocktail

Zutaten

Weinbrand oder Cognac 2 cl (½ oz) – Rosé-Champagner 6 cl (2 oz) – 1 Würfel Zucker – Grand Marnier 2 cl (½ oz) – Kirschen und Orangenschnitz zum Garnieren

Zubereitung

Ein Stück Würfelzucker in ein Weinglas legen, in einem Jigger 2 cl (½ oz) Weinbrand oder Cognac und 2 cl (½ oz) Grand Marnier abmessen und ins Glas geben. Dann mit 6 cl (2 oz) sehr gut gekühltem Rosé-Champagner auffüllen und mit einem Barlöffel vorsichtig umrühren. Mit einem Spieß Cocktailkirschen und einem Orangenschnitz garnieren und servieren.

Zutaten

Campari 3 cl (1 oz)
Trockener Sekt 3 cl (1 oz)
Mineralwasser mit Kohlensäure 3 cl (1 oz)

Zubereitung

In einem Jigger 3 cl (1 oz) Campari abmessen und in ein mit Eis gefülltes Weinglas geben. Dann 3 cl (1 oz) trockenen Sekt abmessen und dazugeben. Mit 3 cl (1 oz) im Jigger abgemessenem kohlensäurehaltigen Mineralwasser auffüllen. Alles vorsichtig und kurz mit einem Barlöffel vermischen und servieren.

Campari Spritz

White Mojito

Zutaten

Vermentino 6 cl (2 oz)
Weißer Zucker oder Rohrzucker (ca. 20 g)
Frische Minze (ca. 7 g)
½ Limette
Mineralwasser mit Kohlensäure 6 cl (2 oz)
1 Zweig Minze zum Garnieren

Zubereitung

Eine halbe, unbehandelte Limette mit Schale in Würfel schneiden und mit dem Zucker (ca. 20 g) in einen hohen Tumbler geben; mit einem Stößel kräftig zerstoßen. Die Minzblätter (ca. 7 g) dazugeben und mit dem Stößel leicht zerdrücken. Dann mit Eiswürfeln oder Crushed-Eis auffüllen und 6 cl (2 oz) Vermentino-Wein abmessen und dazugeben. Bis zum Rand mit 6 cl (2 oz) kohlensäurehaltigem Mineralwasser auffüllen. Alles mit einem Barlöffel kurz verrühren und mit einem Minzzweig und zwei langen Trinkhalmen servieren.

White Negroni

Zutaten

Gin 3 cl (1 oz) – Weißer Vermouth 3 cl (1 oz) – Biancosarti 3 cl (1 oz) – ½ Zitronenschnitz zum Garnieren

Zubereitung

In einem Jigger 3 cl (1 oz) Gin abmessen und in einen mit Eis gefüllten Tumbler geben. Dann 3 cl (1 oz) weißen Vermouth und 3 cl (1 oz) Biancosarti abmessen und dazugeben. Mit einem Barlöffel alles einige Sekunden lang verrühren, dann mit einem halben Zitronenschnitz garnieren und servieren.

White Negrosky

Zutaten

Wodka 3 cl (1 oz) – weißer Vermouth 3 cl (1 oz) – Biancosarti 3 cl (1 oz) – ½ Zitronenschnitz zum Garnieren

Zubereitung

In einem Jigger 3 cl (1 oz) Wodka abmessen und in einen mit Eis gefüllten Tumbler geben. Dann 3 cl (1 oz) weißen Vermouth und 3 cl (1 oz) Biancosarti abmessen und dazugeben. Mit einem Barlöffel alles einige Sekunden lang verrühren, schließlich mit einem halben Zitronenschnitz garnieren und servieren.

Wine French Kiss

Zutaten

Erdbeermark 3 cl (1 oz)
Ananassaft 3 cl (1 oz)
Trockener Sekt oder Champagner 6 cl (2 oz)
1 Erdbeere zum Garnieren

Zubereitung

In einem Jigger 3 cl (1 oz) Erdbeermark abmessen und in ein Weinglas geben. Dann 3 cl (1 oz) Ananassaft abmessen und dazugeben. Alles gut umrühren und mit 6 cl (2 oz) sehr gut gekühltem trockenem Sekt oder Champagner auffüllen. Nochmals vorsichtig und kurz umrühren, mit einer Erdbeere garnieren und servieren.

Zutaten

Weißwein Terre di Franciacorta 4,5 cl (1½ oz)
Ginger Ale 6 cl (2 oz)
2 Limettenschnitze und einige weiße Weintrauben zum Garnieren

Wine Mule

Zubereitung

In einem Jigger 4,5 cl (1½ oz) Weißwein Terre di Franciacorta abmessen und in einen mit Eis gefüllten Tumbler geben. Dann 6 cl (2 oz) Ginger Ale abmessen und dazugeben. Alles mit einem Barlöffel einige Sekunden verrühren. Mit zwei Limettenschnitzen und einigen halbierten weißen Trauben garnieren und servieren.

Neue Cocktails mit

*In diesem Abschnitt werden neue Rezepte auf Vermouthbasis vorgestellt: von Barmann Di Niso konzipierte Cocktails neuester Generation, gleichermaßen modern und der Tradition verpflichtet. Der Ursprung des Vermouths liegt weit zurück: Der Erste, der ein vergleichbares Getränk herstellte, war vermutlich der griechische Arzt Hippokrates. Er fügte einem stark alkohol- und zuckerhaltigen Wein Wermutkraut (*Artemisia absinthium*) und Blüten der Aschwurz (*Dictamus albus*) hinzu und erhielt ein Getränk, das eine fast wundersame Heilwirkung auf Magen und Verdauung zu haben schien. Der Ruf dieses Getränks erreichte bald Rom, und auch Cicero liebte es, seinen Gästen zur Unterhaltung Vinum absinthiatum zu kredenzen. Die Geburt des modernen Vermouths ist allerdings Antonio Benedetto Carpano aus Turin zuzuschreiben, der 1786 süßen Muskatwein mit Absinth, Kräutern und*

Vermouth

Gewürzen versetzte und ihn König Viktor Amadeus III. zum Geschenk machte, der so begeistert war, dass er das Getränk sogleich bei Hofe einführte. Seit dieser Zeit gibt es einige Vermouthproduzenten (Cinzano, Martini & Rossi und Gancia zählen zu den bekanntesten). Nach italienischem Gesetz muss ein Vermouth aus mindestens 75 Prozent Weißwein bestehen und darf nur mit Alkohol und verschiedenen mazerierten Kräutern (Wermutkraut muss Hauptbestandteil sein) gesüßt und „aufgespritet" werden. Zudem muss ein Vermouth einen Mindestalkoholgehalt von 16 Prozent haben, jedoch gibt es seit Kurzem einige Produzenten, die gegen diese Regel verstoßen und mit geringerem Alkoholgehalt produzieren. Wenn man also Cocktails mit dieser klassischen Zutat mixen möchte, sollte man immer darauf achten, dass das Etikett der Flasche mit „Vermouth" gekennzeichnet ist.

Caipi Sweet Vermouth

Zutaten

½ Limette
Weißer Zucker oder Rohrzucker (ca. 20 g)
Weißer Vermouth 5–6 cl (2 oz)

Zubereitung

Eine halbe ungespritzte Limette mit Schale in Würfel schneiden, mit dem Zucker (ca. 20 g) in einen Tumbler geben und mit einem Stößel gut zerstoßen. Das Glas mit Eiswürfeln oder Crushed-Eis auffüllen. Dann 5–6 cl (2 oz) weißen Vermouth in einem Jigger abmessen und dazugeben. Alles einige Sekunden lang mit einem Barlöffel verrühren, bis alle Zutaten gut vermischt sind. Mit zwei kurzen Trinkhalmen servieren.

Casanova

Zutaten

½ Limette
Weißer Zucker oder Rohrzucker (ca. 20 g)
trockener Vermouth 5–6 cl (2 oz)
Erdbeeren 4
1 Erdbeere zum Garnieren

Zubereitung

Eine halbe ungespritzte Limette mit Schale in Würfel schneiden, mit dem Zucker (ca. 20 g) und vier Erdbeeren in einen Tumbler geben und mit einem Stößel gut zerstoßen. Das Glas mit Eiswürfeln oder Crushed-Eis auffüllen. Dann 5-6 cl (2 oz) trockenen Vermouth in einem Jigger abmessen und dazugeben. Alles einige Sekunden lang mit einem Barlöffel verrühren, bis alle Zutaten gut vermischt sind. Mit einer Erdbeere und zwei kurzen Trinkhalmen garnieren.

Energy

Zutaten

Roter Vermouth 4,5 cl (1½ oz) – ACE-Saft 6 cl (2 oz) – Orangen-, Zitronen- und Limettenscheiben zum Garnieren

Zubereitung

In einem Jigger 4,5 cl (1½ oz) roten Vermouth abmessen und in einen mit Eis gefüllten Tumbler geben. Dann 6 cl (2 oz) ACE-Saft abmessen und dazugeben. Alles einige Sekunden lang vorsichtig mit einem Barlöffel verrühren. Mit je einer Orangen-, Zitronen-, und Limettenscheibe garnieren und mit zwei kurzen Trinkhalmen servieren.

Everyday

Zutaten

Weißer Vermouth 3 cl (1 oz) – Campari 3 cl (1 oz) – Wodka 3 cl (1 oz) – ½ Orangenschnitz zum Garnieren

Zubereitung

In einem Jigger 3 cl (1 oz) weißen Vermouth abmessen und in einen mit Eis gefüllten Tumbler geben. Dann 3 cl (1 oz) Campari und 3 cl (1 oz) Wodka im Jigger abmessen und dazugeben. Alles einige Sekunden lang vorsichtig mit einem Barlöffel verrühren. Mit einem halben Zitronenschnitz garnieren und mit zwei kurzen Trinkhalmen servieren.

Hot Explosion

Zutaten

Weißer Vermouth 4 cl (1 oz ¼) – Bananenmark 3 cl (1 oz) – Pfirsichmark 3 cl (1 oz) – Orangensaft 3 cl (1 oz) – ½ Teelöffel Chilipulver

Zubereitung

Die Zutaten in einem Jigger abmessen und einschließlich eines halben Teelöffels Chilipulver in einen Barmixer geben, die Menge eines halben Tumblers Crushed-Eis dazugeben und 15–20 Sekunden lang mixen. In einen hohen Tumbler geben und mit ein wenig Chilipulver garnieren. Mit zwei langen Trinkhalmen servieren.

Lady Mojito Rosé

Zutaten

Trockener Vermouth 4,5 cl (1½ oz) – Limette ½ – weißer Zucker oder Rohrzucker (ca. 20 g) – frische Minze (ca. 7 g) – trockener Rosé-Sekt oder Rosé-Champagner 6 cl (2 oz) – ½ Passionsfrucht und ein Zweig frische Minze zum Garnieren

Zubereitung

Eine halbe ungespritzte Limette mit Schale in Würfel schneiden, mit dem Zucker (ca. 20 g) in einen hohen Tumbler geben und mit einem Stößel gut zerstoßen. Einige Minzblätter (ca. 7 g) hinzufügen und mit dem Stößel leicht zerdrücken. Dann das Glas mit Eiswürfeln oder Crushed-Eis auffüllen und 4,5 cl (1½ oz) trockenen Vermouth dazugeben. Fast bis zum Rand mit 6 cl (2 oz) Rosé-Sekt oder Rosé-Champagner auffüllen, und mit einem Barlöffel kurz verrühren. Mit einer halben Passionsfrucht, einem Minzzweig und zwei langen Trinkhalmen garnieren.

Zutaten

Gin 3 cl (1 oz)
Weißer Vermouth 2,5 cl (¾ oz)
Campari 1,5 cl (½ oz)
Orangensaft 3 cl (1 oz)
Cocktailkirschen und Orangenschnitze zum Garnieren

Zubereitung

In einem Jigger 3 cl (1 oz) Gin abmessen und in einen Shaker geben. Dann 2,5 cl (¾ oz) weißen Vermouth, 1,5 cl (½ oz) Campari und 3 cl (1 oz) Orangensaft abmessen und dazugeben. Einige Eiswürfel in den Shaker geben und einige Sekunden lang kräftig schütteln. In ein im Gefrierfach geeistes Cocktailglas geben, mit Orangenschnitzen und Cocktailkirschen garnieren.

Lay-Off

Zutaten

Aperol 3 cl (1 oz)
Weißer Vermouth 2,5 cl (¾ oz)
Campari 1,5 cl (½ oz)
Orangensaft 9 cl (3 oz)
1 Cocktailkirsche, ½ Orangenschnitz und
½ Zitronenschnitz zum Garnieren

Zubereitung

In einem Jigger 3 cl (1 oz) Aperol abmessen und in einen Shaker geben. Dann 2,5 cl (¾ oz) weißen Vermouth, 1,5 cl (½ oz) Campari und 9 cl (3 oz) Orangensaft abmessen und dazugeben. Einige Sekunden lang kräftig schütteln und in einen mit Eis gefüllten hohen Tumbler abseihen. Mit je einem halben Zitronen- und Orangenschnitz, einer Cocktailkirsche und zwei langen Trinkhalmen servieren.

Michelle Forever

Zutaten

Trockener Vermouth 4 cl (1¼ oz)
Pfirsichmark 9 cl (3 oz)
Orangensaft 3 cl (1 oz)
Zimtpulver ½ Teelöffel
1 Cocktailkirsche und 3 Orangenschnitze zum Garnieren

Zubereitung

In einem Jigger 4 cl (1¼ oz) trockenen Vermouth abmessen und in einen Barmixer geben. Dann 9 cl (3 oz) Pfirsichmark und 3 cl (1 oz) Orangensaft abmessen und dazugeben. Einen halben Teelöffel Zimtpulver und die Menge eines halben Tumblers Crushed-Eis hinzufügen und 15–20 Sekunden lang mixen. In einen hohen Tumbler geben und mit zwei langen Trinkhalmen, drei Orangenschnitzen und einer Cocktailkirsche garnieren.

Oriental Peach

Pink Orange Red

Zutaten

Roter Vermouth 4,5 cl (1½ oz)
Grapefruitsaft 6 cl (2 oz)
1 Orangenschnitz, 1 Cocktailkirsche und
1 Johannisbeerrispe zum Garnieren

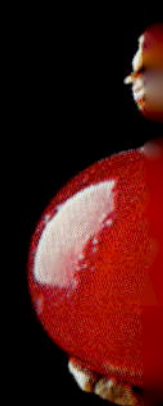

Zubereitung

In einem Jigger 4,5 cl (1½ oz) roten Vermouth abmessen und in einen mit Eis gefüllten Tumbler geben. Dann 6 cl (2 oz) Grapefruitsaft abmessen und dazugeben. Alles mit einem Barlöffel umrühren, mit einem Orangenschnitz, einer Cocktailkirsche und einer Rispe Johannisbeeren und zwei kurzen Trinkhalmen garnieren.

Zubereitung

In einem Jigger 4 cl (1¼ oz) trockenen Vermouth abmessen und in einen Shaker geben. Dann 4,5 cl (1½ oz) Orangensaft und 1,5 cl (½ oz) Grand Marnier abmessen und dazugeben. Einige Eiswürfel hinzufügen und für einige Sekunden kräftig schütteln. In ein im Gefrierfach geeistes Cocktailglas geben und mit vier an einen Spieß geknoteten Cocktailkirschen garnieren.

Sweet Dream

Zutaten

Trockener Vermouth 4 cl (1¼ oz)
Orangensaft 4,5 cl (1½ oz)
Grand Marnier 1,5 (½ oz)
4 Cocktailkirschen mit Stiel zum Garnieren

Vermouth Fruits

Zutaten

Trockener Vermouth 4 cl (1¼ oz)
Orangensaft 6 cl (2 oz)
Grapefruitsaft 6 cl (2 oz)
1 Cocktailkirsche und 1 Ananasscheibe zum Garnieren

Zubereitung

In einem Jigger 4 cl (1¼ oz) trockenen Vermouth abmessen und in einen mit Eis gefüllten hohen Tumbler geben. Dann 6 cl (2 oz) Orangensaft und 6 cl (2 oz) Grapefruitsaft abmessen und dazugeben. Alles mit einem Barlöffel verrühren und mit einer Ananasscheibe und einer Cocktailkirsche garnieren.

Wild Red

Zutaten

Roter Vermouth 2,5 (¾ oz)
Wodka 4 cl (1¼ oz)
Waldfruchtsaft 3 cl (1 oz)
Zitronensaft 3 cl (1 oz)
Weiße Limonade 3 cl (1 oz)
Waldfrüchte zum Garnieren

Zubereitung

In einem Jigger 2,5 (¾ oz) roten Vermouth abmessen und in einen mit Eis gefüllten hohen Tumbler geben. Dann 4 cl (1¼ oz) Wodka, 3 cl (1 oz) Waldfrüchtesaft, 3 cl (1 oz) Zitronensaft und 3 cl (1 oz) weiße Limonade abmessen und dazugeben. Alles mit einem Barlöffel verrühren und mit verschiedenen Waldfrüchten garnieren.

Neue Cocktails mit trockenem,

Nach einigen umfassenden Experimenten stellt Barmann Di Niso in diesem Abschnitt Cocktails vor, deren Protagonisten verschiedene trockene, würzige und süße Weine sind. Mit diesen Weinen konnten ausgezeichnete Ergebnisse erzielt werden. Es entstanden innovative Cocktails, die das Publikum begeistern. Entsprechend eingesetzt können sie sogar mit verschiedenen Speisen kombiniert werden.
Die Verwendung von Pinot Grigio für den Wine Lemon und von Lugana für den Wine Apple Martini machen diese Cocktails zu idealen Begleitern für die Happy Hour: Kleine Appetithäppchen auf Fisch-, Gemüse- oder Frischkäsebasis passen gut zu Pinot Grigio, während der Lugana gut mit Fischgerichten und weißem Fleisch harmoniert.
Durch einen Wein wie den Müller-Thurgau eignen sich die Cocktail-Kreationen Barbara Wine, Silvia, a.m.14 und Wine Bitter perfekt als Aperitif und passen ausgezeichnet zu Vorspeisen auf Fisch- und Pilzbasis, aber auch zu manchen

würzigem und süßem Wein

zarten Käsesorten und zu Frischkäse. Die Kombination dieser Cocktails mit frischem Sushi hat sich als besonders raffinierte Zusammenstellung erwiesen.

Mit dem Gewürztraminer, der für den Aromatic Spicy Mojito verwendet wird, lassen sich perfekte Aperitifs kreieren, die am besten zu Sashimi, chinesischen Gerichten, Fisch-Carpaccio und geräucherten Speisen wie Schinken, Speck und Lachs passen.

Als süßer Wein wurde der Brachetto als Basis für die Cocktails Bracco und Sweet Watermelon verwendet, die gut mit Obstsalat aus roten Früchten und auch mit Dörrobst harmonieren.

Die Cocktails Black Wine, Wine & Liquorice und Sweet After Eight sind mit Moscato gemixt und bilden die exzellente Ergänzung zu Süßspeisen (Cannoli Siciliani, Panettone, Streuselkuchen und Strudel).

Zutaten

Müller-Thurgau 4,5 cl (1½ oz)
Crème de Menthe grün 4,5 cl (1½ oz)
1 Zweig frische Minze und 1 Bonbonschnuller zum Garnieren

Zubereitung

In einem Jigger 4,5 cl (1½ oz) Müller-Thurgau abmessen und in einen mit Eis gefüllten Tumbler geben. Dann 4,5 cl (1½ oz) grünen Crème de Menthe abmessen und dazugeben. Alles mit einem Barlöffel verrühren, mit einem Zweig frischer Minze und einem Bonbonschnuller garnieren und mit zwei kurzen Trinkhalmen servieren.

a.m.14

Aromatic Mojito

Zutaten

Gewürztraminer 4,5 cl (1½ oz) – weißer Zucker oder Rohrzucker (ca. 20 g) – frische Minze (ca. 7 g) – ½ Limette – Mineralwasser mit Kohlensäure 6 cl (2 oz) – ½ Teelöffel Chilipulver und ein Minzzweig zum Garnieren

Zubereitung

Eine halbe ungespritzte Limette mit Schale in Würfel schneiden, mit dem Zucker (ca. 20 g) in einen hohen Tumbler geben und mit einem Stößel gut zerstoßen. Einige Minzblätter (ca. 7 g) hinzufügen und mit dem Stößel leicht zerdrücken. Dann das Glas mit Eiswürfeln oder Crushed-Eis auffüllen und 4,5 cl (1½ oz) Gewürztraminer dazugeben. Bis zum Rand mit 6 cl (2 oz) Sprudel auffüllen. Alles mit einem Barlöffel für einige Sekunden verrühren. Mit einem Minzzweig, einer Prise Chilipulver und zwei langen Trinkhalmen garnieren.

Barbara Wine

Zutaten

Müller-Thurgau 4,5 cl (1½ oz) – Maraschino 2 cl (½ oz) – Ananassaft 9 cl (3 oz) – Erdbeersaft 2 cl (½ oz) – 2 cl (½ oz) Granatapfelsirup – ½ Ananasscheibe und zwei Cocktailkirschen zum Garnieren

Zubereitung

Alle Zutaten in einem Jigger abmessen und einen Shaker geben. Einige Eiswürfel hinzufügen und einige Sekunden lang kräftig schütteln. In einen hohen, mit Eis gefüllten Tumbler abseihen und mit einer halben Ananasscheibe, zwei Cocktailkirschen und zwei langen Trinkhalmen garnieren.

Black Wine

Zutaten

Moscato 4,5 cl (1½ oz) – Kaffeelikör 4,5 cl (1½ oz) – Kaffeebohnen zum Garnieren

Zubereitung

In einem Jigger 4,5 cl (1½ oz) Moscato-Wein abmessen und in einen mit Eis gefüllten Tumbler geben. Dann 4,5 cl (1½ oz) Kaffeelikör abmessen und dazugeben. Alles mit einem Barlöffel verrühren, mit einigen Kaffeebohnen garnieren und mit zwei kurzen Trinkhalmen servieren.

Bracco

Zutaten

Brachetto 6 cl (2 oz) – Aperol 9 cl (3 oz) – Erdbeeren zum Garnieren

Zubereitung

In einem Jigger 6 cl (2 oz) Brachetto abmessen und in einen hohen, mit Eis gefüllten Tumbler geben. Dann 9 cl (3 oz) Aperol abmessen und dazugeben. Mit einem Barlöffel vorsichtig umrühren. Mit einigen Erdbeeren garnieren und mit zwei langen Trinkhalmen servieren.

Zutaten

Müller-Thurgau 3 cl (1 oz)
Cointreau 2 cl (½ oz)
Blue Curaçao 2 cl (½ oz)
Ananassaft 9 cl (3 oz)
Zitronensaft 1 cl (¼ oz)
½ eine halbe Ananascheibe und Johannesbeeren zum Garnieren

Zubereitung

In einem Jigger 3 cl (1 oz) Müller-Thurgau abmessen und in einen Shaker geben. Dann 2 cl (½ oz) Cointreau, 2 cl (½ oz) Blue Curaçao, 9 cl (3 oz) Ananassaft und 1 cl (¼ oz) Zitronensaft abmessen und dazugeben. Einige Eiswürfel in den Shaker geben und für einige Sekunden kräftig schütteln. Dann in einen hohen, mit Eis gefüllten Tumbler abseihen, mit Ananas und Johannisbeeren garnieren und mit zwei langen Trinkhalmen servieren.

Giada Blu

Silvia

Zutaten

Aperol 3 cl (1 oz)
Campari 3 cl (1 oz)
Müller-Thurgau 6 cl (2 oz)
Orangensaft 6 cl (2 oz)
1 Zitronenscheibe und 3 Cocktailkirschen
mit Stiel zum Garnieren

Zubereitung

In einem Jigger 3 cl (1 oz) Aperol abmessen und in einen Shaker geben. Dann 3 cl (1 oz) Campari, 6 cl (2 oz) Orangensaft und 6 cl (2 oz) Müller-Thurgau abmessen und dazugeben. Einige Eiswürfel in den Shaker geben und für einige Sekunden kräftig schütteln. Dann in einen hohen, mit Eis gefüllten Tumbler abseihen, mit der Zitronenscheibe und drei an einen Spieß geknoteten Cocktailkirschen garnieren.

Sweet After Eight

Zutaten

Crème de Menthe weiß oder Pfefferminzlikör 4,5 cl (1½ oz) – Schokolikör 4,5 cl (1½ oz) – Moscato 6 cl (2 oz) – 1 Zweig Minze zum Garnieren

Zubereitung

In einem Jigger 4,5 cl (1½ oz) weißen Crème de Menthe oder Pfefferminzlikör abmessen und in einen Barmixer geben. Dann 4,5 cl (1½ oz) Schokolikör und 6 cl (2 oz) Moscato abmessen und mit einem halben Tumbler Crushed-Eis dazugeben. Alles 15–20 Sekunden lang mixen und in einen hohen Tumbler geben. Mit einem Zweig frischer Minze garnieren und mit zwei langen Trinkhalmen servieren.

Sweet Watermelon

Zutaten

Brachetto 3 cl (1 oz) – Biancosarti 3 cl (1 oz) – Mineralwasser mit Kohlensäure 3 cl (1 oz) – Wassermelonenstücke zum Garnieren

Zubereitung

In einem Jigger 3 cl (1 oz) Brachetto abmessen und in ein mit Eis gefülltes Weinglas geben. Dann 3 cl (1 oz) Biancosarti abmessen und dazugeben. Fast bis zum Rand mit 3 cl (1 oz) kohlensäurehaltigem Mineralwasser auffüllen und alles mit einem Barlöffel vorsichtig verrühren. Als Garnitur einige Stücke Wassermelone auf einen langen Spieß aufstecken.

Wine Apple Martini

Zutaten

Weißer Lugana 4,5 cl (1½ oz) – Apfellikör 2,5 cl (¾ oz) – Cointreau 2,5 cl (¾ oz) – weiße Weintrauben zum Garnieren

Zubereitung

In einem Jigger 4,5 cl (1½ oz) weißen Lugana abmessen und in einen Shaker geben. Dann 2,5 cl (¾ oz) Apfellikör und 2,5 cl (¾ oz) Cointreau abmessen und dazugeben. Mit einigen Eiswürfeln einige Sekunden lang kräftig schütteln. In ein im Gefrierfach geeistes Cocktailglas abseihen und mit einigen Weintrauben garnieren.

Wine Bitter

Zutaten

Aperol 3 cl (1 oz) – Müller-Thurgau 3 cl (1 oz) – Pfirsichwodka 3 cl (1 oz) – Sanbittèr 10 cl (3½ oz) – ½ Ananasscheibe und 2 Cocktailkirschen zum Garnieren

Zubereitung

In einem Jigger 3 cl (1 oz) Aperol abmessen und in einen Shaker geben. Dann 3 cl (1 oz) Müller-Thurgau, 3 cl (1 oz) Pfirsichwodka und 10 cl (3½ oz) Sanbittèr abmessen und dazugeben. Mit einigen Eiswürfeln einige Sekunden lang kräftig schütteln. In einen mit Eis gefüllten hohen Tumbler abseihen, mit einer halben Ananasscheibe und zwei Cocktailkirschen garnieren und mit zwei langen Trinkhalmen servieren.

Zutaten

Pinot Grigio 4,5 cl (1½ oz)
Weiße Zitronenlimonade 12 cl (4 oz)
Zitronenschale und weiße Weintrauben
zum Garnieren

Zubereitung

In einem Jigger 4,5 cl (1½ oz) Pinot Grigio abmessen und in einen mit Eis gefüllten hohen Tumbler geben. Fast bis zum Rand mit 12 cl (4 oz) weißer Zitronenlimonade auffüllen, mit Spiralen aus Zitronenschale, einigen weißen Weintrauben und zwei langen Trinkhalmen garnieren.

Wine Lemon

Wine & Liquorice

Zutaten

Moscato 4,5 cl (1½ oz)
Lakritzlikör 4,5 cl (1½ oz)
2 Lakritzschnecken zum Garnieren

Zubereitung

In einem Jigger 4,5 cl (1½ oz) Moscato abmessen und in einen mit Eis gefüllten Tumbler geben. Dann 4,5 cl (1½ oz) Lakritzlikör abmessen und dazugeben. Alles mit einem Barlöffel verrühren, mit zwei Lakritzschnecken garnieren und zwei kurzen Trinkhalmen servieren.

Besondere Wein-

In dieser Cocktailserie sind einige Spezialweine die Protagonisten. Sie können als Qualitätsprodukte, obwohl sie weniger bekannt sind, überraschende Ergebnisse in Mixgetränken erzielen. Der Sherry beispielsweise, ein besonderer, mit Branntwein versetzter Wein aus dem spanischen Ort Jerez de la Frontera: Die Cocktails mit diesem Wein sind ausgezeichnet als Aperitif oder als Begleitung zu Meeresfrüchten geeignet und passen zu den typischen spanischen Tapas – verschiedene kleine Speisen, die als Snacks gereicht werden.
Der Marsala ist ein sizilianischer Spezialwein, der in der Provinz Trapani produziert wird. Zur Herstellung werden sowohl weiße als auch rote Trauben verwendet, und die Reifung erfolgt in Fässern aus Eiche oder Kirsche für mindestens ein Jahr, aber auch bis zu zehn Jahren und mehr.

Cocktails

Cocktails mit jungem Marsala kann man gekühlt als Aperitif genießen, während Drinks mit gereiftem Marsala gut mit Käse harmonieren, und sehr alter Marsala ist perfekt zur Begleitung von Süßspeisen geeignet.

Der Madeira wird auf der gleichnamigen portugiesischen Insel vor der Küste Marokkos hergestellt. Dieser Likörwein war Anfang des 16. Jahrhunderts bereits in ganz Nordeuropa verbreitet und darauffolgend auch jenseits des Atlantiks. Cocktails mit den Sorten Sercial und Verdelho werden gekühlt als Aperitif serviert, die süßeren Sorten Bual und Malmsey sind ausgezeichnet zum Dessert.

Der Samos wird auf der gleichnamigen griechischen Insel hergestellt, wo über 90% des Weinanbaus diesem Dessertwein gewidmet sind, der den Cocktails sein blumiges und fruchtiges Bouquet verleiht, das an frische Trauben, Orangenblüten und Rosenblätter erinnert.

150

Zutaten

Trockener Marsala 6 cl (2 oz)
Holundersirup 3 cl (1 oz)
Mineralwasser mit Kohlensäure 6 cl (2 oz)
1 Zitronenscheibe, 1 Minzzweig und weiße Trauben zum Garnieren

Zubereitung

Einige kleine Eiswürfel in ein Weinglas geben. In einem Jigger 6 cl (2 oz) trockenen Marsala, 3 cl (1 oz) Holundersirup und 6 cl (2 oz) kohlensäurehaltiges Mineralwasser hinzufügen. Alles vorsichtig mit einem Barlöffel einige Sekunden lang verrühren und mit einer Scheibe Zitrone, einem Zweig frischer Minze und einigen halbierten weißen Weintrauben garnieren.

Adonis

Zutaten

Trockener Sherry 6 cl (2 oz)
Roter Vermouth 3 cl (1 oz)
Einige Tropfen Bitterorange oder Cointreau
1 Stück Orangenschale zum Garnieren

Zubereitung

In einem Jigger 6 cl (2 oz) trockenen Sherry abmessen und in einen Shaker geben. Dann 3 cl (1 oz) roten Vermouth abmessen und dazugeben. Einige Tropfen Bitterorange oder Cointreau sowie einige Eiswürfel hinzufügen und einige Sekunden lang kräftig schütteln. In ein im Gefrierfach geeistes Cocktailglas abseihen und mit einem Stück Orangenschale garnieren.

Bloody Bishop

Zutaten

Trockener Sherry 4,5 cl (1½ oz) – Tomatensaft 9 cl (3 oz) – Zitronensaft 2 cl (½ oz) – Gewürze – 1 Scheibe Avocado und 1 Stange Sellerie zum Garnieren

Zubereitung

In einem Jigger 4,5 cl (1½ oz) trockenen Sherry abmessen und in einen hohen Tumbler geben. Dann 2 cl (½ oz) Zitronensaft und 9 cl (3 oz) Tomatensaft abmessen und dazugeben. Mit Salz, Pfeffer, einigen Tropfen Tabasco und Worcester Sauce würzen und einige Eiswürfel ins Glas geben. Alles kräftig mit einem Barlöffel verrühren, mit einer Scheibe Avocado und einer Stange Sellerie (optional) garnieren und mit zwei langen Trinkhalmen servieren.

Dolce Grecia

Zutaten

Süßer Samos 4,5 cl (1½ oz) – Zitronen- oder Limettensaft 3 cl (1 oz) – Flüssigzucker 1,5 cl (½ oz)

Zubereitung

In einem Jigger 4,5 cl (1½ oz) süßen Samos-Wein abmessen und in einen Shaker geben. Dann 3 cl (1 oz) Zitronen- oder Limettensaft und 1,5 cl (½ oz) Flüssigzucker abmessen und dazugeben. Einige Eiswürfel in den Shaker geben und für einige Sekunden kräftig schütteln. In ein im Gefrierfach geeistes Cocktailglas abseihen und servieren.

Espressamente

Zutaten

Süßer Samos 3 cl (1 oz)
Kaffeelikör 1,5 cl (½ oz)
Amarettosirup 1,5 cl (½ oz)
Kaffee 3 cl (1 oz)

Greco

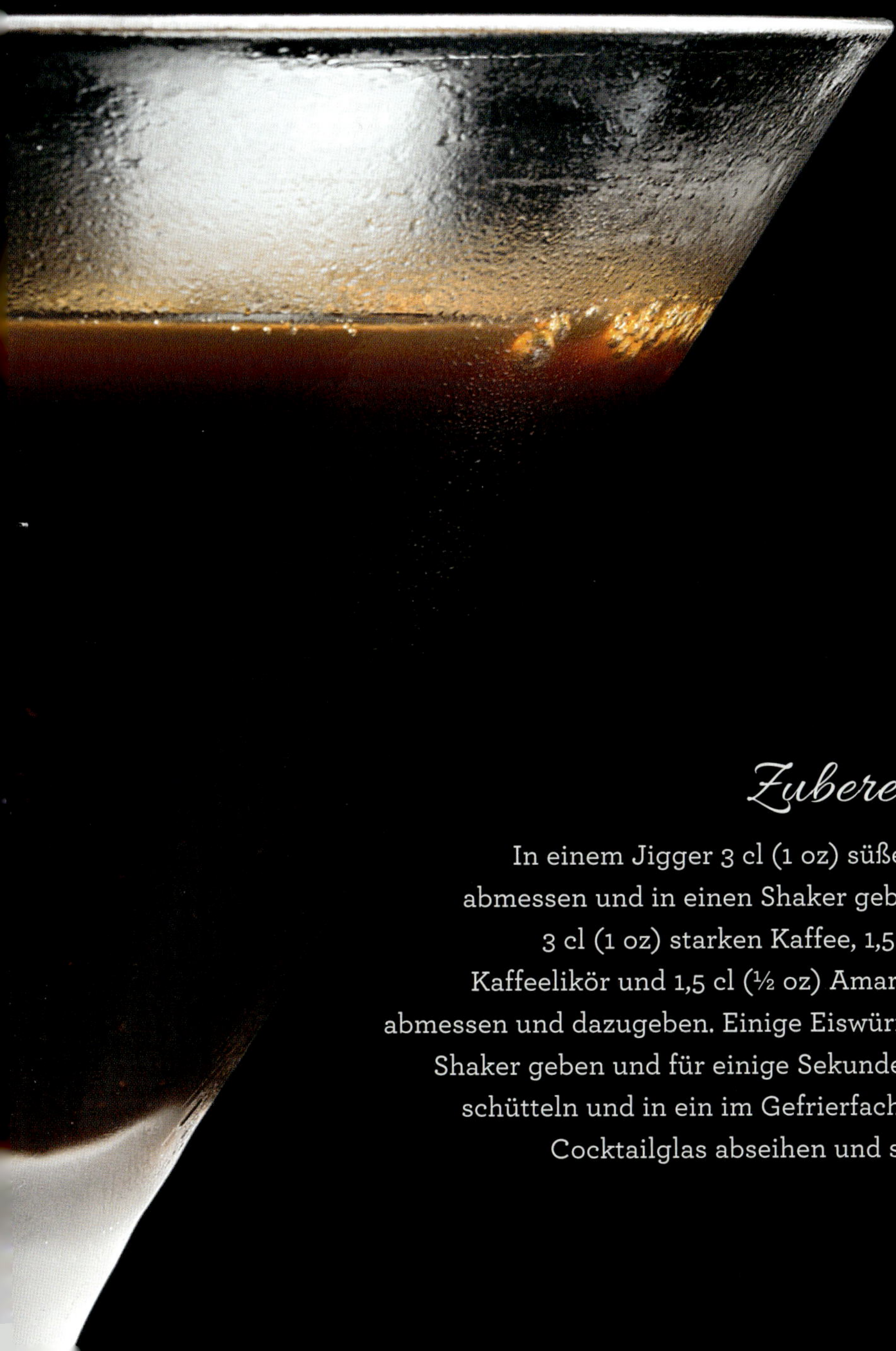

Zubereitung

In einem Jigger 3 cl (1 oz) süßen Samos abmessen und in einen Shaker geben. Dann 3 cl (1 oz) starken Kaffee, 1,5 cl (½ oz) Kaffeelikör und 1,5 cl (½ oz) Amarettosirup abmessen und dazugeben. Einige Eiswürfel in den Shaker geben und für einige Sekunden kräftig schütteln und in ein im Gefrierfach geeistes Cocktailglas abseihen und servieren.

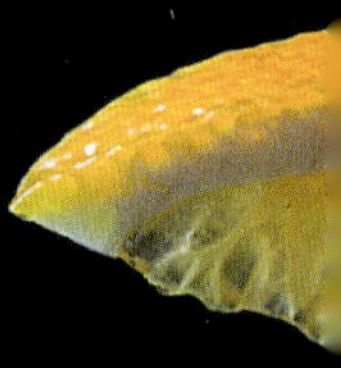

Zutaten

Weißer, trockener Madeira 3 cl (1 oz)
Aperol 2,5 cl (¾ oz)
Campari 1,5 cl (½ oz)
Orangensaft 9 cl (3 oz)
1 Grapefruit-, Orangen-, Zitronenschnitz und
2 Cocktailkirschen zum Garnieren

Zubereitung

In einem Jigger 3 cl (1 oz) weißen, trockenen Madeira abmessen und in einen Shaker geben. Dann 2,5 cl (¾ oz) Aperol, 1,5 cl (½ oz) Campari und 9 cl (3 oz) Orangensaft abmessen und dazugeben. Einige Eiswürfel in den Shaker geben, für einige Sekunden kräftig schütteln und in einen mit Eis gefüllten hohen Tumbler abseihen. Mit je einem Grapefruit-, Orangen- und Zitronenschnitz sowie zwei Cocktailkirschen garnieren.

Little Dave

Madeira Martini

Zutaten

Wodka 6 cl (2 oz) – weißer, trockener Madeira 3 cl (1 oz) – 1 Stück Zitronenschale und einige Oliven zum Garnieren

Zubereitung

In einem Jigger Wodka und Madeira abmessen und in eine transparente Karaffe geben. Einige Eiswürfel hinzufügen und mit einem Barlöffel verrühren. Dann alles in ein im Gefrierfach geeistes Cocktailglas geben. Geben Sie Acht, dass keine Eiswürfel mit ins Glas rutschen. Ein bis zwei grüne Oliven unter fließendem Wasser abspülen, um die Salzlake zu entfernen, und auf einen langen Spieß stecken. Mit einem Stück Zitronenschale und dem Olivenspieß garnieren.

Madeira Amaretto Colada

Zutaten

Weißer, süßer Madeira 3 cl (1 oz) – Amaretto Disaronno 3 cl (1 oz) – Kokossirup oder Kokosmilch 1,5 cl (½ oz) – Ananassaft 9 cl (3 oz) – ½ Ananasscheibe, 2 Cocktailkirschen und einige Amaretti zum Garnieren

Zubereitung

Die Zutaten in einem Jigger abmessen und in einen Barmixer geben. Die Menge eines halben hohen Tumblers Crushed-Eis dazugeben und für 15–20 Sekunden mixen. Alles in den hohen Tumbler geben und mit einer halben Ananasscheibe, zwei Cocktailkirschen und zwei langen Trinkhalmen garnieren.

Mediterraneo

Zutaten

Trockener Marsala 6 cl (2 oz)
Weißer Zucker oder Rohrzucker (ca. 20 g)
Frische Minze und frisches Basilikum (ca. 7 g)
Mineralwasser mit Kohlensäure 6 cl (2 oz)
½ Limette
1 Zweig Minze und 1 Zweig Basilikum zum Garnieren

Zubereitung

Eine halbe ungespritzte Limette mit Schale in Würfel schneiden, mit dem Zucker (ca. 20 g) in einen hohen Tumbler geben und mit einem Stößel gut zerstoßen. Die Minz- und Basilikumblätter (ca. 7 g) hinzufügen und mit dem Stößel leicht zerdrücken. Dann das Glas mit Eiswürfeln oder Crushed-Eis auffüllen und 6 cl (2 oz) trockenen Marsala dazugeben. Bis zum Rand mit 6 cl (2 oz) Sprudel auffüllen. Alles mit einem Barlöffel für einige Sekunden verrühren. Mit je einem Minz- und Basilikumzweig und zwei langen Trinkhalmen garnieren.

Oriental

Zutaten

Trockener Marsala 6 cl (2 oz)
Zitronen- oder Limettensaft 2 cl (½ oz)
Flüssigzucker 2 cl (½ oz)

Zubereitung

In einem Jigger 6 cl (2 oz) trockenen Marsala abmessen und in einen Shaker geben. Dann 2 cl (½ oz) Zitronen- oder Limettensaft und 2 cl (½ oz) Flüssigsirup abmessen und dazugeben. Einige Eiswürfel in den Shaker geben und für einige Sekunden kräftig schütteln und in ein im Gefrierfach geeistes Cocktailglas abseihen und servieren.

Samos Martini

Zutaten

Wodka 6 cl (2 oz)
Süßer Samos 3 cl (1 oz)
1 Stück Zitronenschale und 2 Weintrauben zum Garnieren

Zubereitung

In einem Jigger 6 cl (2 oz) Wodka abmessen und in eine transparente Karaffe geben. Dann 3 cl (1 oz) süßen Samos-Wein und einige Eiswürfel hinzufügen und alles mit einem Barlöffel verrühren. Dann in ein im Gefrierfach geeistes Cocktailglas geben. Geben Sie acht, dass keine Eiswürfel mit ins Glas rutschen. Zwei Weintrauben auf einen langen Spieß stecken. Mit einem Stück Zitronenschale und dem Weintraubenspieß garnieren.

Zutaten

Wodka 6 cl (2 oz)
Trockener Sherry 3 cl (1 oz)
1 Stück Zitronenschale und einige grüne Oliven zum Garnieren

Zubereitung

In einem Jigger 6 cl (2 oz) Wodka abmessen und in eine transparente Karaffe geben. Dann 3 cl (1 oz) trockenen Sherry und einige Eiswürfel hinzufügen und mit einem Barlöffel verrühren. Dann alles in ein im Gefrierfach geeistes Cocktailglas geben. Geben Sie Acht, dass keine Eiswürfel mit ins Glas rutschen. Drei bis vier grüne Oliven unter fließendem Wasser abspülen, um die Salzlake zu entfernen, und auf einen langen Spieß stecken. Mit einem Stück Zitronenschale und dem Olivenspieß garnieren.

Sherry Martini

Zubereitung

In einem Jigger 3 cl (1 oz) trockenen Sherry abmessen und in einen Shaker geben. Dann 2 cl (½ oz) Cointreau, 1,5 cl (½ oz) Zitronensaft und 3 cl (1 oz) Preiselbeersaft abmessen und dazugeben. Einige Eiswürfel in den Shaker geben und einige Sekunden lang kräftig schütteln. Alles in ein im Gefrierfach geeistes Cocktailglas abseihen und mit einer Rispe Johannisbeeren garnieren.

Sherry Politan

Zutaten

Trockener Sherry 3 cl (1 oz)
Cointreau 2 cl (½ oz)
Zitronensaft 1,5 cl (½ oz)
Preiselbeersaft 3 cl (1 oz)

Neue Cocktails mit

In diesem Kapitel werden überraschende Rezepte brandneuer Cocktails vorgestellt, wie der Conte Douro, der Lisbona Beach und der Porto Martini, alle mit Portweinen gemixt, die gekühlt als Aperitif serviert werden können, der White Porto (weiß, trocken) und der Porto Ruby (rot, wenig gereift) sind Beispiele dafür.
Der Portwein wird in Portugal produziert, genauer gesagt im Tal des Douro, der ungefähr sechzig Kilometer südlich von Porto durch ein Gebiet von rund 30 000 Hektar fließt, das ausschließlich dem Weinanbau dient. Das Hauptmerkmal des Portweins ist die besondere Produktionsmethode, bei der die Fermentierung bereits im Anfangsstadium durch die Zugabe von Alkohol unter-

Portwein

brochen wird. Deshalb hat der Portwein auch einen höheren Alkoholgehalt als Wein (zwischen 18 und 22 Prozent).

Der große Erfolg dieses Weins ist auch der turbulenten politischen Situation im Europa des 17. Jahrhunderts geschuldet: Frankreich und England gehörten im drohenden spanischen Erbfolgekrieg unterschiedlichen Lagern an. Der französische Minister Colbert erhöhte die Exportsteuer auf Weine aus der Region Bordeaux, was dazu führte, dass England französischen Wein boykottierte. Der 1703 zwischen England und Portugal geschlossene Methuen-Vertrag garantierte indessen, dass Portugal alle Weine des Douro-Tals zu Vorzugszöllen ins Vereinigte Königreich exportieren konnte.

Apache

Zutaten

Weißer Portwein 3 cl (1 oz)
Campari 2 cl (½ oz)
Orangensaft 7 cl (2½ oz)
Grapefruitsaft 3 cl (1 oz)
Grenadine 1 cl (¼ oz)
1 Orangenschnitz, 2 Cocktailkirschen und
1 Zweig frische Minze zum Garnieren

Zubereitung

In einem Jigger 3 cl (1 oz) weißen Portwein abmessen und in einen mit Eis gefüllten hohen Tumbler geben. Dann 2 cl (½ oz) Campari, 7 cl (2½ oz) Orangensaft, 3 cl (1 oz) Grapefruitsaft und 1 cl (¼ oz) Grenadine abmessen und dazugeben. Alles mit einem Barlöffel einige Sekunden lang verrühren. Mit einem Orangenschnitz, zwei Cocktailkirschen, einem Zweig frischer Minze und zwei langen Trinkhalmen garnieren.

Blu Wine

Zubereitung

In einem Jigger 3 cl (1 oz) weißen Portwein abmessen und in einen Shaker geben. Dann 2 cl (½ oz) Cointreau, 2 cl (½ oz) Blue Curaçao und 2 cl (½ oz) Zitronen- oder Limettensaft abmessen und dazugeben. Einige Eiswürfel in den Shaker geben und für einige Sekunden kräftig schütteln und in ein im Gefrierfach geeistes Cocktailglas abseihen. Einige weiße Trauben auf einen Spieß stecken. Mit dem Traubenspieß und Spiralen aus Zitronenschale garnieren.

Zutaten

Weißer Portwein 3 cl (1 oz)
Cointreau 2 cl (½ oz)
Blue Curaçao 2 cl (½ oz)
Zitronen- oder Limettensaft 2 cl (½ oz)
Zitronenschale und weiße Weintrauben zum Garnieren

Conte Douro

Zutaten

Gin 3 cl (1 oz)
Roter Portwein 3 cl (1 oz)
Campari 3 cl (1 oz)
½ Orangenscheibe zum Garnieren

Zubereitung

In einem Jigger 3 cl (1 oz) Gin abmessen und in einen mit Eis gefüllten Tumbler geben. Dann 3 cl (1 oz) roten Portwein und 3 cl (1 oz) Campari abmessen und dazugeben. Alles mit einem Barlöffel einige Sekunden lang verrühren. Mit einer halben Scheibe einer ungespritzten Orange garnieren und servieren.

Iberica

Zutaten

Kanadischer Whisky 6 cl (2 oz)
Roter Portwein 3 cl (1 oz)
Angostura einige Tropfen
1 bis 2 Cocktailkirschen zum Garnieren

Zubereitung

In einem Jigger 6 cl (2 oz) kanadischen Whisky abmessen und in eine Glaskaraffe geben. Dann 3 cl (1 oz) roten Portwein und einige Tropfen Angostura dazugeben. Eiswürfel in die Karaffe geben und mit einem Barlöffel einige Sekunden lang verrühren. Dann alles in ein im Gefrierfach geeistes Cocktailglas geben. Achten Sie darauf, dass keine Eiswürfel mit ins Glas rutschen. Mit ein bis zwei Cocktailkirschen garnieren und servieren.

Zutaten

Weißer Portwein 3 cl (1 oz)
Pfirsichlikör 3 cl (1 oz)
Orangensaft 6 cl (2 oz)
Cranberrysaft 6 cl (2 oz)
Limetten-, Orangen- und Zitronenschnitze
und Johannisbeeren zum Garnieren

Zubereitung

In einem Jigger 3 cl (1 oz) weißen Portwein, 3 cl (1 oz) Pfirsichlikör, 6 cl (2 oz) Orangensaft und 6 cl (2 oz) Cranberrysaft abmessen und in einen Shaker geben. Einige Eiswürfel dazugeben und kräftig schütteln. Dann in einen mit Eis gefüllten hohen Tumbler abseihen und nach Geschmack mit Limetten-, Orangen- und Zitronenschnitzen sowie roten Johannisbeeren garnieren und mit zwei langen Trinkhalmen servieren.

Lisbona Beach

Zubereitung

In einem Jigger 6 cl (2 oz) Gin abmessen und in eine transparente Karaffe geben. Dann 3 cl (1 oz) weißen Portwein abmessen und hinzufügen. Einige Eiswürfel dazugeben und mit einem Barlöffel verrühren. Dann alles in ein im Gefrierfach geeistes Cocktailglas geben. Achten Sie darauf, dass keine Eiswürfel mit ins Glas rutschen. Drei bis vier grüne Oliven unter fließendem Wasser abspülen, um die Salzlake zu entfernen, und auf einen langen Spieß stecken. Mit einem Stück Zitronenschale und dem Olivenspieß garnieren.

Porto Martini

Zutaten

Gin 6 cl (2 oz)
Weißer Portwein 3 cl (1 oz)
3–4 grüne Oliven und Zitronenschale
zum Garnieren

Porto Mojito

Zutaten

Weißer Portwein 4,5 cl (1½ oz)
Weißer Zucker oder Rohrzucker (ca. 20 g)
Frische Minze (ca. 7 g)
Mineralwasser mit Kohlensäure 6 cl (2 oz)
½ Limette
1 Zweig frische Minze zum Garnieren

Zubereitung

Eine halbe ungespritzte Limette mit Schale in Würfel schneiden, mit dem Zucker (ca. 20 g) in einen hohen Tumbler geben und mit einem Stößel gut zerstoßen. Die Minzblätter (ca. 7 g) hinzufügen und mit dem Stößel leicht zerdrücken. Dann das Glas mit Eiswürfeln oder Crushed-Eis auffüllen und 4,5 cl (1½ oz) weißen Portwein dazugeben. Bis zum Rand mit 6 cl (2 oz) Sprudel auffüllen. Alles mit einem Barlöffel für einige Sekunden verrühren. Mit einem Zweig frischer Minze garnieren und mit zwei langen Trinkhalmen servieren.

Porto Wasser

Zutaten

Himbeersirup 2 cl (½ oz) – weißer Portwein 3 cl (1 oz) – Mineralwasser mit Kohlensäure 12 cl (4 oz) – ½ Zitronenschnitz und 2 Cocktailkirschen zum Garnieren

Zubereitung

In einem Jigger 2 cl (½ oz) Himbeersirup abmessen und in einen mit Eis gefüllten hohen Tumbler geben. Dann 3 cl (1 oz) weißen Portwein abmessen und dazugeben. Fast bis zum Rand mit 12 cl (4 oz) kohlensäurehaltigem Mineralwasser auffüllen, und mit einem Barlöffel vorsichtig umrühren. Mit einem halben Zitronenschnitz, zwei Cocktailkirschen und zwei langen Trinkhalmen garnieren.

Portoguese

Zutaten

Campari 3 cl (1 oz) – roter Portwein 3 cl (1 oz) – Mineralwasser mit Kohlensäure 3 cl (1 oz) – ½ Orangenschnitz und Zitronenschale zum Garnieren

Zubereitung

In einem Jigger 3 cl (1 oz) Campari abmessen und in einen mit Eis gefüllten Tumbler geben. Dann 3 cl (1 oz) roten Portwein abmessen und dazugeben. Fast bis zum Rand mit 3 cl (1 oz) kohlensäurehaltigem Mineralwasser auffüllen, und mit einem Barlöffel vorsichtig umrühren. Mit einem halben Orangenschnitz und Zitronenschale garnieren.

Red Caipi Porto

Zutaten

½ Limette
Weißer Zucker oder Rohrzucker (ca. 20 g)
Roter Portwein 5–6 cl (2 oz)

Zubereitung

Eine halbe ungespritzte Limette mit Schale in Würfel schneiden, mit dem Zucker (ca. 20 g) in einen Tumbler geben und mit einem Stößel gut zerstoßen. Dann das Glas mit Eiswürfeln oder Crushed-Eis auffüllen und 5–6 cl (2 oz) roten Portwein in einem Jigger abmessen und dazugeben. Alles mit einem Barlöffel einige Sekunden lang gut verrühren. Mit zwei kurzen Trinkhalmen servieren.

Red Palm Beach

Zutaten

Roter Portwein 4,5 cl (1½ oz) – Campari 3 cl (1 oz) – Ananassaft 9 cl (3 oz) – ½ Scheibe Ananas und 2 Cocktailkirschen

Zubereitung

In einem Jigger 4,5 cl (1½ oz) roten Portwein abmessen und in einen Shaker geben. Dann 3 cl (1 oz) Campari und 9 cl (3 oz) Ananassaft abmessen und dazugeben. Einige Eiswürfel hinzufügen und einige Sekunden lang kräftig schütteln. Den Cocktail in einen hohen, mit Eis gefüllten Tumbler abseihen, mit einer halben Ananasscheibe, zwei Cocktailkirschen und zwei langen Trinkhalmen garnieren.

Torre di Belem

Zutaten

Roter Portwein 5 cl (1½ oz) – Campari 4 cl (1¼ oz) – ½ Orangenschnitz zum Garnieren

Zubereitung

In einem Jigger 5 cl (1½ oz) roten Portwein abmessen und in einen mit Eis gefüllten Tumbler geben. Dann 4 cl (1¼ oz) Campari abmessen und dazugeben. Alles mit einem Barlöffel verrühren. Mit einem halben Orangenschnitz und zwei kurzen Trinkhalmen garnieren.

Vescovo

Zutaten

Gin 4 cl (1¼ oz)
Campari 2 cl (½ oz)
Weißer Portwein 3 cl (1 oz)

Zubereitung

In einem Jigger 4 cl (1¼ oz) Gin abmessen und in eine Glaskaraffe geben. Dann 3 cl (1 oz) weißen Portwein und 2 cl (½ oz) Campari abmessen und dazugeben. Eiswürfel in die Karaffe geben und mit einem Barlöffel einige Sekunden lang verrühren. Dann alles in ein im Gefrierfach geeistes Cocktailglas geben. Halten Sie dabei die Eiswürfel zurück, sodass sie nicht mit ins Glas rutschen.

Beim Durchblättern von Fachliteratur und Spezialmagazinen liest man immer häufiger dieselben Namen; natürlich handelt es sich um Bartender, deren Genialität und Fachwissen über jeden Zweifel erhaben sind. Die Idee, in diesem Kapitel andere Bartender einzubeziehen, wurde vornehmlich aus der Intention heraus geboren, das Können dieser Meister ihres Faches zu nutzen, um hier einzigartige, innovative und moderne Cocktails zu präsentieren. Die Vorgabe Gianfranco Di Nisos war, einen neuen Drink auf Weinbasis zu kreieren, und die Reaktion war überwältigend. Die eingesandten Rezepte zeugen nicht nur von Professionalität und Fantasie, sondern auch vom hohen Niveau der Autoren. Aus Platzgründen konnten nur zehn ausgewählt werden.

Neuheiten italienischer Bartender

Japan Sea

von Alessio Conte

Zutaten

Rye Whiskey (oder kanadischer Whisky) 4,5 cl (1½ oz)
Sake 2 cl (½ oz)
Primitivo di Manduria 3 cl (1 oz)
Angostura 3 Tropfen
Arame-Algen und Spiralen aus Orangenschale zum Garnieren

Zubereitung

In einem Jigger 4,5 cl (1½ oz) Rye Whiskey (oder kanadischen Whisky) abmessen und in eine Glaskaraffe geben. Dann 2 cl (½ oz) Sake, 3 cl (1 oz) Primitivo di Manduria und drei Tropfen Angostura abmessen und dazugeben. Einige Eiswürfel in die Karaffe geben, alles mit einem Barlöffel einige Sekunden lang verrühren und ein im Gefrierfach geeistes Cocktailglas geben. Das Eis dabei zurückhalten, sodass es nicht mit ins Glas rutscht. Mit Arami-Algen und Spiralen aus Orangenschale garnieren.

Marlène

von Gabriele Aresi

Zutaten

Wodka 1,5 cl (½ oz)
Aperol 1,5 cl (½ oz)
Mandarinenlikör 1,5 cl (½ oz)
Moscato 4,5 cl (1½ oz)
Weißer Zucker (ca. 7 g)
Angostura 4 Tropfen
Cocktailkirschen und Apfelscheiben zum Garnieren

Zubereitung

In einem Jigger 1,5 cl (½ oz) gut gekühlten Wodka abmessen und in eine transparente Karaffe geben. Dann 1,5 cl (½ oz) Aperol, 1,5 cl (½ oz) Mandarinenlikör und 4,5 cl (1½ oz) Moscato abmessen und dazugeben. Einige Eiswürfel in die Karaffe geben und alles mit einem Barlöffel einige Sekunden lang verrühren. In ein im Gefrierfach geeistes Cocktailglas einen Teelöffel Zucker (ca. 7 g) und 3 Tropfen Angostura geben und mit dem Inhalt der Karaffe aufgießen. Das Eis dabei zurückhalten, sodass es nicht mit ins Glas rutscht. Mit Cocktailkirschen und Apfelscheiben garnieren.

BG1938
von Demis Vescovi

Zutaten

Rotwein „Taglio Bordolese“
(z. B. Valcalepio rosso DOC) 2,5 cl (¾ oz)
Bourbon Whiskey 5 cl (1¾ oz)
Frischer Limettensaft 1 cl (¼ oz)
Puderzucker 1 Teelöffel (ca. 7 g)
Frische Minze (ca. 7 g)
Minztriebe und Puderzucker zum Garnieren

Zubereitung

In einem Jigger 1 cl (¼ oz) frischen Limettensaft abmessen und in einen Tumbler geben. Einen Teelöffel Puderzucker (ca. 7 g) und 5 cl (1¾ oz) Bourbon Whiskey abmessen, hinzufügen und mit einem Barlöffel verrühren, bis der Zucker aufgelöst ist. Dann die frische Minze (ca. 7 g) mit den Händen zerdrücken und ins Glas geben. Grobes Crushed-Eis dazugeben und nochmals mit einem Barlöffel umrühren. Dann mit 2,5 cl (¾ oz) Rotwein auffüllen. Zum Garnieren die Minztriebe mit Puderzucker bestäuben und mit zwei Trinkhalmen servieren.

Yuly

von Enea Veicollari

Zutaten

Cognac 2,5 cl (¾ oz)
Cointreau 1,5 cl (½ oz)
Apricot Brandy 1,5 cl (½ oz)
Disaronno Amaretto 0,75 cl (¼ oz)
Trockener Sekt oder Champagner 4,5 cl (1½ oz)
Zucker 1 Würfel
Angostura 4 Tropfen
2 Orangenschnitze und 1 Cocktailkirsche zum Garnieren

Zubereitung

In ein im Gefrierfach geeistes Cocktailglas ein Stück Würfelzucker geben und mit vier Tropfen Angostura beträufeln. In einem Jigger 2,5 cl (¾ oz) Cognac abmessen und in einen Shaker geben. Dann 1,5 cl (½ oz) Cointreau, 1,5 cl (½ oz) Apricot Brandy und 0,75 cl (¼ oz) Disaronno Amaretto abmessen und dazugeben. Einige Eiswürfel hinzufügen und für einige Sekunden kräftig schütteln. Alles in das Cocktailglas abseihen und mit 4,5 cl (1½ oz) trockenem Sekt oder Champagner auffüllen. Mit zwei dünnen Orangenschnitzen und einer Cocktailkirsche garnieren.

Erika

von Vincenzo Giaimo

Zutaten

Gin 1,5 cl (½ oz)
Orangensaft 1,5 cl (½ oz)
Sherry 3 cl (1 oz)
Vanillelikör 3 cl (1 oz)
Zimtpulver ½ Teelöffel (ca. 3 g)
Cocktailkirschen zum Garnieren

Zubereitung

In einem Jigger 1,5 cl (½ oz) Gin abmessen und in einen Shaker geben. Dann 1,5 cl (½ oz) Orangensaft, 3 cl (1 oz) Sherry, 3 cl (1 oz) Vanillelikör und einen halben Teelöffel (ca. 3 g) Zimtpulver abmessen und ebenfalls in den Shaker geben. Einige Eiswürfel hinzufügen und für einige Sekunden kräftig schütteln. Dann in ein im Gefrierfach geeistes Cocktailglas abseihen und mit Cocktailkirschen garnieren.

Vin Canto

von Salvatore Bongiovanni

Zutaten

Holundersirup 1,5 cl (½ oz)
Novello-Rotwein 6 cl (2 oz)
Gin (vorzugsweise reich an Botanicals) 3 cl (1 oz)
Heidelbeeren, rote Johannisbeeren, Brombeeren und
1 Zweig Minze zum Garnieren

Zubereitung

In einem Jigger 1,5 cl (½ oz) Holundersirup abmessen und in ein mit Eis gefülltes Weinglas geben. Dann 3 cl (1 oz) Gin und 6 cl (2 oz) Novello-Rotwein im Jigger abmessen und ins Glas geben. Alles mit einem Barlöffel vorsichtig für einige Sekunden verrühren und mit Heidelbeeren, roten Johannisbeeren, Brombeeren und einem Zweig frischer Minze garnieren.

Modì

von Filippo Fratton

Zutaten

Disaronno Amaretto 3,75 cl (1¼ oz)
Moscato d'Asti DOCG 2,5 cl (¾ oz)
Orangensaft (keine Blutorange) 9 cl (3 oz)
Grenadine 1,5 cl (½ oz)
½ Orangenschnitz und Cocktailkirschen zum Garnieren

Zubereitung

In einem Jigger 3,75 cl (1¼ oz) Disaronno Amaretto abmessen und in einen mit Eis gefüllten hohen Tumbler geben. Dann 2,5 cl (¾ oz) Moscato d'Asti DOCG und 9 cl (3 oz) Orangensaft (keine Blutorange) abmessen und dazugeben. Alles mit einem Barlöffel vorsichtig verrühren und dann 1,5 cl (½ oz) Grenadine hinzufügen. Mit einem halben Orangenschnitz und Cocktailkirschen garnieren.

Tony's

von Antonello Gagliardi

Zutaten

Weißer Portwein 3 cl (1 oz)
Wodka 2 cl (½ oz)
Drambuie 3 cl (1 oz)
Whisky 1 cl (¼ oz)
1 Minzzweig und Spiralen aus Zitronen- und Orangenschale zum Garnieren

Zubereitung

In einem Jigger 3 cl (1 oz) weißen Portwein abmessen und in einen Shaker geben. Dann 2 cl (½ oz) Wodka, 3 cl (1 oz) Drambuie und 1 cl (¼ oz) Whisky im Jigger abmessen und in den Shaker geben. Einige Eiswürfel hinzufügen und ein paar Sekunden lang kräftig schütteln. Alles in ein im Gefrierfach geeistes Cocktailglas abseihen. Mit einem Zweig frischer Minze und je einer Spirale aus Zitronen- und Orangenschale garnieren.

My Dream Cocktail

von Michele Giacca

Zutaten

Kaffee 3 cl (1 oz)
Eierlikör 1,5 cl (½ oz)
Creme de Cacao 2 cl (½ oz)
Zuckersirup 1,5 cl (½ oz)
Sahne mit einigen Tropfen Sambuca (optional) 2 cl (½ oz)
Tropfen aus Bitterschokolade zum Garnieren

Zubereitung

In einem Jigger 3 cl (1 oz) Kaffee abmessen und in einen Shaker geben. Dann 1,5 cl (½ oz) Eierlikör, 2 cl (½ oz) Creme de Cacao, 1,5 cl (½ oz) Zuckersirup und 2 cl (½ oz) Sahne mit einigen Tropfen Sambuca (optional) abmessen und ebenfalls in den Shaker geben. Einige Eiswürfel hinzufügen und einige Sekunden lang kräftig schütteln. Alles in ein im Gefrierfach geeistes Cocktailglas abseihen, und mit einigen Schokoladentropfen aus Bitterschokolade garnieren.

1989

von Giulia Gobbi

Zutaten

Wodka 2,5 cl (¾ oz)
Süßer Weißwein Albana di Romagna DOCG 4,5 cl (1½ oz)
Tonicwasser 2,5 cl (¾ oz)
Saft eines ½ Limettenschnitzes
½ Limettenschnitz zum Garnieren

Zubereitung

In einem Jigger 2,5 cl (¾ oz) Wodka abmessen und einen mit Eis gefüllten Tumbler geben. Dann 4,5 cl (1½ oz) süßen Albana di Romagna dazugeben. Fast bis zum Rand mit 2,5 cl (¾ oz) Tonicwasser auffüllen und den Saft eines halben Limettenschnitzes dazugeben. Alles vorsichtig mit einem Barlöffel verrühren und mit einem halben Limettenschnitz garnieren.

Register

Einige der Umrechnungen von Unzen (oz) auf Zentiliter (cl) in diesem Buch sind als Näherungswerte zu verstehen. Das internationale Standardmaß, das alle professionellen Bartender verwenden, ist die Unze (oz). Der Autor hat sich der einfacheren Anwendung halber dafür entschieden, die Mengen auch in Zentiliter (cl) anzugeben.

Über die Autoren

Gianfranco Di Niso, professioneller Barkeeper, Gewinner nationaler und internationaler Wettbewerbe und Ausbilder in Kursen zum Freestyle- und Cafeteria-Bartender („Bergamobarmanfreestyle"-Schule). Seit 1986 arbeitet er in verschiedenen Lokalen in Bergamo und Umgebung.

Davide Manzoni absolvierte den Studiengang Ideation und Produktion im Bereich Kino an der Università Cattolica in Brescia. Er ist Schriftsteller und leidenschaftlicher Koch.

Fabio Petroni hat als Profi-Fotograf mit den Besten der Branche zusammengearbeitet und spezialisierte sich auf die Darstellung von Stillleben, die er mit Intuition und Präzision ausführt. Er arbeitet mit den wichtigsten Werbeagenturen zusammen und wirkte maßgeblich an zahlreichen Kampagnen für weltbekannte Unternehmen mit, zu denen auch einige große italienische Marken gehören.

Die zehn Bartender:

Vincenzo Giaimo ist seit siebzehn Jahren freiberuflicher Barmann. Den Cocktail „Erika" hat er in der „DAMA lounge bar" in Capo D'Orlando (Messina) kreiert, in der er auch arbeitete.

Filippo Fratton arbeitet seit Jahren in der Gastronomie. Seine Firma „NonsoloCaipirinha" ist ein Cocktailbar-Cateringservice. Er hat an Kursen der Organizzazione Nazionale Assaggiatori di Vino und der PBS American Bartending Academy teilgenommen.

Alessio Conte ist als Bartender im „Petra Nera" in Torre San Giovanni Ugento (Lecce) tätig. 2016 belegte er den dritten Platz bei der Campari Barman Competition.

Antonello Gagliardi arbeitete in den besten Hotels und Bars Bolognas, bevor er seine erste eigene Bar, „Tony's Bar", eröffnete, in der er neun Jahre lang tätig war. Aktuell ist er Barchef mehrerer Lokale der Stadt.

Enea Veicollari ist seit acht Jahren Barmann und arbeitet im „Antico Caffè Soriano" in San Benedetto del Tronto (Ascoli Piceno).

Michele Giacca organisiert und leitet, nach langjähriger Erfahrung im In- und Ausland auf diesem Gebiet, Kurse für junge Ober, Baristas und Bartender. Als Mitglied des Berufsverbands AIBES nahm er an unzähligen Cocktail- und Longdrink-Wettbewerben teil. Aktuell ist er Mitglied der AMIRA (Gesellschaft der Maîtres d'Hotel).

Demis Vescovi sammelte seine Berufserfahrung in den angesagtesten Lokalen zwischen Bergamo und Brescia. Er arbeitet mit Önologen aus der Region Franciacorta zusammen und ist zudem in der Bar „Cafeteria" in Treviolo (Bergamo) sowie in der Barcatering-Firma „Tuxedo BarCatering" tätig.

Salvatore Bongiovanni ist professioneller Barmanager, nationaler Generalsekretär des „Classic Cocktail Club" und Sommelier. Er nahm an nationalen und internationalen Wettbewerben teil, von denen er einige für sich entscheiden konnte.

Gabriele Aresi leitet das Lokal „30&lode cafè" in Bergamo, nachdem er in Cafés, Weinbars, Pubs und Diskotheken tätig war. Er hält zudem Kurse für junge Berufseinsteiger ab, die sich diesem Sektor zugewandt haben.

Giulia Gobbi ist Spezialistin in Sachen Cocktails. Ihre Ausbildung machte sie bei der Federazione Barman Italiana und belegte Cafeteria-Kurse bei AIBES-Ausbildern.

Danksagung

Gianfranco Di Niso und Davide Manzoni bedanken sich bei:

Dem Verlag White Star, Valeria Manferto de Fabianis und Laura Accomazzo.

Barbara Rota für ihre Nachsicht, ihre Geduld und die maßgebliche Hilfe, die sie uns stets zuteilwerden ließ.

Allen Bartendern, die mit ihrer Professionalität, Kreativität und mit ihren Rezepten einen wichtigen Beitrag zu diesem Buch leisteten.

Der „Bergamobarmanfreestyle"-Schule.

„La Dispensa di Mina" für die wunderbaren Früchte zum Garnieren der Cocktails.

Wenn Sie Material aus diesem Buch verwenden, wären die Autoren dankbar, wenn sie als Quellenangabe genannt würden.

Ein herzliches Dankeschön geht an Luca Castelletti und Fabrizio Pirola für ihre Gastfreundschaft in der „Avalon APS wine bar" in Bergamo.

Redaktionelle Leitung
VALERIA MANFERTO DE FABIANIS

Redaktion
LAURA ACCOMAZZO

Grafische Gestaltung
MARIA CUCCHI

WS White Star Verlag® ist eine eingetragene Marke von White Star s.r.l.

Piazzale Luigi Cadorna, 6
20123 Mailand, Italien
www.whitestar.it

Übersetzung: Simone Blass
Produktion und Redaktion Deutschland: Dr. Rainer Schöttle Verlagsservice
Korrektorat: Gisela Wunderskirchner

ISBN 978-88-6312-410-1
1 2 3 4 5 6   24 23 22 21 20

Gedruckt in Kroatien